AF404620

UNIVERSITÉ DE FRANCE

AGRÉGATION

DES FACULTÉS DE DROIT

CONCOURS D'AGRÉGATION. ANNÉE 1880.

COMPOSITION DE DROIT FRANÇAIS

PAR

M. André **CHESNEAU**

DOCTEUR EN DROIT, LAURÉAT DE LA FACULTÉ DE BORDEAUX

PARIS

L. LAROSE, LIBRAIRE-ÉDITEUR

22, RUE SOUFFLOT, 22

1880

DE L'EXERCICE

PAR LES CRÉANCIERS

DES DROITS ET ACTIONS DE LEUR DÉBITEUR

« Les biens du débiteur sont le gage commun de ses créanciers : » tel est le principe posé dans l'art. 2093 C. civ.; c'est-à-dire qu'en vertu d'un droit de gage général, tout créancier non payé au jour de l'échéance peut saisir les biens du débiteur, en poursuivre la vente et sur le prix en provenant obtenir, concurremment avec les autres créanciers, le remboursement de ce qui lui est dû.

Mais ce droit de gage, ainsi que l'appelle la loi, est (on le comprend) fort imparfait et laisse les créanciers chirographaires exposés à des dangers plus ou moins graves : le débiteur, qui demeure nanti des valeurs composant son patrimoine et qui continue d'administrer librement ce patrimoine, peut, comme tout propriétaire, aliéner, dissiper, contracter de nouvelles dettes, se livrer aux opérations les plus hasardeuses, sans que les créanciers chirographaires, qui voient leur gage ainsi compromis ou diminué, puissent élever la moindre plainte. Ils pouvaient exiger de ce débiteur une sûreté spéciale; ils n'en ont rien fait, qu'ils subissent sans murmurer les conséquences de leur impéritie.

Il est toutefois deux circonstances dans lesquelles la loi permet aux créanciers d'intervenir : il se peut d'abord que le débiteur, tout en ayant conscience du mauvais état de ses affaires, fasse une opération qui détermine ou augmente son insolvabilité ; se dépouille, par exemple, à titre onéreux ou gratuit, de tel ou tel bien compris jusqu'alors dans son patrimoine. Il y a, dans ce fait, une manœuvre frauduleuse qui autorise le créancier ainsi frustré à demander, moyennant la réunion de certaines conditions, la révocation de l'acte dolosif, de manière à faire rentrer dans le patrimoine du débiteur le bien qui en était sorti : tel est le but de l'action paulienne, action dont le principe est inscrit dans l'art. 1167 C. civ.

Mais, sans aller jusqu'à prêter au débiteur l'intention positive de nuire à ses créanciers, on peut en second lieu supposer que par ignorance, par paresse ou sous l'influence d'un aveugle entêtement, le débiteur manque d'exercer un droit qui lui appartient, néglige d'interrompre une prescription ou de faire valoir en justice une action qui lui compète. Dans ce cas, la loi autorise encore l'intervention du créancier. Elle lui permet cette fois de prendre en main la cause du débiteur négligent ou entêté, d'exercer en son lieu et place le droit qui appartient à celui-ci, en un mot de sauver d'une perte ou d'un amoindrissement le patrimoine, gage et sûreté de tous les créanciers.

C'est ce droit, consacré par l'art. 1166 du C. civ., qui va faire l'objet de notre travail.

« Néanmoins, — porte l'art. 1166, — les créanciers peuvent exercer tous les droits et actions de leur débiteur, à l'exception de ceux qui sont exclusivement attachés à la personne. »

Comme, dans ce cas, l'action du débiteur, au lieu d'être exercée *directement* par le titulaire du droit qu'elle sanctionne, est exercée d'une manière *indirecte, détournée*, par les soins de son créancier, on désigne habituellement cette action sous le nom d'*action oblique*. Cette expression a l'avantage d'éviter des circonlocutions, des périphrases, et nous l'emploierons, *brevitatis causa*, dans le cours de ce travail.

Voici quel en sera le plan :

I. Portée de l'art. 1166, son étendue d'application ;

II. Conditions requises pour être admis à exercer les droits et actions du débiteur ;

III. A quel titre le créancier exerce-t-il les droits et actions du débiteur?

Avant d'aborder les explications que comporte ce sujet, faisons une observation préliminaire : elle a trait au mot « néanmoins » placé en tête de l'art. 1166. Ce mot paraît au premier abord indiquer une relation entre la disposition contenue dans cet article et l'article qui précède. L'art. 1166 semblerait n'être autre chose qu'une exception au principe posé dans l'art. 1165, qui est celui-ci : « Les conventions n'ont d'effet qu'entre les parties contractantes ; elles ne nuisent point au tiers et ne lui profitent, etc. » Mais on a beau chercher à analyser la pensée du législateur, on ne parvient pas à saisir le rapport qui peut exister entre cette règle et la disposition de l'art. 1166. Tout au plus peut-on dire, pour justifier l'emploi de cette conjonction, qu'à la différence des tiers qui n'éprouvent ni perte ni profit à la suite du *negotium inter alios actum*, les créanciers, eux, sont formellement et pécuniairement intéressés aux opérations que fait ou ne fait pas le débiteur. Ils subissent nécessairement les conséquences de son inaction, puisque tout fait tendant à augmenter ou à diminuer son patrimoine, augmente ou diminue du même coup leur sûreté commune.

Voilà précisément pourquoi le législateur, prévoyant l'inaction du débiteur, permet à ses créanciers d'agir à sa place et d'exercer pour lui le droit qu'il laissait dépérir.

I

Voyons dans quelle mesure peut avoir lieu l'intervention des créanciers, quels sont les droits du débiteur qu'ils sont autorisés à exercer en son lieu et place.

L'art. 1166 semble répondre très nettement à la question : « Les créanciers, dit-il, peuvent exercer *tous les droits et actions* de leur débiteur ; » puis il ajoute : « *à l'exception de ceux qui sont exclusivement attachés à la personne.* »

Ainsi, voilà quelle est la limite du pouvoir octroyé aux créanciers : ils pourront exercer, au lieu et place du débiteur, tous ses droits, toutes ses actions, à l'exception des droits et des actions *qui sont exclusivement attachés à sa personne.* — Mais quels sont donc les droits exclusivement attachés à la personne? A quel signe reconnaîtra-t-on un droit de cette nature? C'est là ce qu'il importait avant tout de savoir, et c'est malheureusement ce que ne nous dit pas le législateur.

Assurément, il est des droits pour lesquels le doute n'est guère possible; des droits qui, très certainement, demeurent attachés à la personne du débiteur et qu'à son défaut le créancier ne saurait être admis à exercer. Tels sont les droits de tester, de contracter mariage, les droits de surveillance, de correction et plus généralement tous ceux dérivant de la puissance paternelle. Pour tous ces droits et autres semblables, qu'on peut qualifier de *droits moraux*, il est hors de doute que la formule restrictive de l'art. 1166 s'y applique sans aucune difficulté, et qu'un créancier serait mal venu à prétendre exercer de tels droits au lieu et place de son débiteur.

En sens inverse, on rencontre des droits (et ceux-là, il faut le reconnaître, sont les plus nombreux) pour lesquels on admet sans hésitation l'application du principe de l'art. 1166; en d'autres termes, des droits qui, à coup sûr, peuvent, en cas d'inaction de la part du débiteur, s'exercer par l'entremise du créancier. Pour nous borner à quelques exemples, citons le droit qu'aurait le débiteur d'agir en recouvrement d'une créance; l'action en revendication d'un héritage injustement détenu par un tiers; l'exercice du réméré dans le délai utile; l'action en rescision d'une vente d'immeuble pour lésion de plus du quart (!); en un mot, toute action dont le but direct et immédiat est de faire entrer ou revenir dans le patrimoine du débiteur une valeur pécuniaire.

Mais entre ces deux catégories de droits pour lesquels on peut, au premier coup d'œil, reconnaître s'ils sont ou ne sont pas susceptibles d'être exercés à son défaut par l'entremise des créanciers, on trouve d'autres droits dont la physionomie est beaucoup moins tranchée, qui se présentent à nos yeux avec le double caractère d'un droit pécuniaire et d'un droit moral, en sorte qu'il est fort difficile de dire si de tels droits doivent être rangés dans la première partie de l'art. 1166 ou dans la seconde ; si, à raison de leur caractère pécuniaire, on ne devrait pas en permettre l'exercice aux créanciers du débiteur négligent, ou si, au contraire, à cause précisément de l'élément moral qui les distingue, ils ne rentrent pas plutôt dans la catégorie des droits attachés à la personne, non susceptibles par conséquent d'être exercés par les créanciers.

Au nombre de ces droits ou actions que j'appellerai *mixtes*, on peut citer comme exemple l'action en révocation d'une donation pour cause d'ingratitude ; l'action en réclamation d'état, celle qui appartient à l'héritier à l'effet d'écarter du partage tout cessionnaire de droits successifs non successible du défunt (art. 841) ; l'action en indignité (art. 727 et suiv.) ; le droit qui appartient à la femme mariée d'exercer ce que l'on est convenu d'appeler le *retrait d'indivision* (art. 1408), et tant d'autres droits qui tous ont pour conséquence l'acquisition ou le recouvrement d'une valeur appréciable en argent, mais qui tous, à des degrés divers, présentent cet élément moral dont nous parlions tout à l'heure, et supposent chez le titulaire un acte de volonté et d'appréciation toute personnelle.

Que déciderons-nous au sujet de ces droits spéciaux ?

Plusieurs tentatives ont été faites pour résoudre la difficulté ; aucune ne nous paraît complètement satisfaisante. Pour nous, voici le criterium que nous proposerions d'appliquer :

L'art. 1166, en permettant aux créanciers d'exercer les droits du débiteur indolent, n'a eu qu'une pensée : permettre aux créanciers de sauvegarder le gage imparfait qu'ils tiennent de la loi, en prévenant le dépérissement du patrimoine du débiteur. L'art. 1166 n'est, en d'autres termes, que la *sanction* du principe proclamé par les art. 2092 et 2093. L'exercice des droits et actions du débiteur par ses créanciers constitue, si je puis dire, avec l'action paulienne, la mise en œuvre et la garantie de ce droit de gage collectif attribué aux créanciers. Par l'action paulienne, le créancier protège son gage imparfait contre les *diminutions frauduleuses ;* elle est comme une arme qu'il oppose à la *malice* d'un débiteur sans conscience. Par l'action oblique, le créancier défend son gage contre les diminutions provenant non plus de la fraude et du dol, mais de la *mauvaise volonté* du débiteur ; le danger est moins grand, si l'on veut, mais il existe encore et, pour prévenir ce danger, la loi arme le créancier de l'action oblique.

Ainsi l'action paulienne et l'action oblique ont toutes deux pour but la conservation et la sauvegarde du patrimoine du débiteur, gage commun de ses créanciers. Par conséquent, si l'on veut savoir à quels droits s'applique l'action oblique, il suffira de nous demander quels sont les droits dont l'exercice intéresse la masse des créanciers au point de vue de l'étendue de leur gage ; en d'autres termes, quels sont les droits *dont l'exercice aboutit à placer*

dans le patrimoine du débiteur une valeur pécuniaire et saisissable.
Toutefois, comme cette formule, appliquée telle quelle, conduirait
logiquement à permettre aux créanciers d'exercer toute action
ayant pour objet une somme d'argent ou une valeur pécuniaire
quelconque, je la limiterai par un tempérament que voici : toutes
les fois qu'on se trouvera en présence d'une action ou d'un droit
de nature mixte, mais dans lesquels *prédominera l'élément moral,*
alors il faudra ranger ce droit parmi les droits attachés à la personne et en refuser par suite l'exercice aux créanciers.

D'après ce criterium, je permettrai au créancier d'exercer : *a)*
l'action en indignité ; — *b)* l'action tendant au retrait successoral
(arg¹. art. 865, 882, C. civ. : les créanciers pouvant *figurer au
partage,* rien ne s'oppose à ce qu'ils exercent le retrait au lieu et
place de l'héritier leur débiteur); — *c)* l'action en révocation de
donation pour cause d'ingratitude ; ici toutefois je distinguerai :
tant que vit le donateur, à lui seul appartient le droit d'agir, parce
que seul il peut sévir ou pardonner. Mais le donateur étant mort,
et l'action passant à ses héritiers, je serais d'avis de permettre
aux créanciers des héritiers d'exercer l'action à leur place. On peut
dire en effet que l'élément moral disparaît avec le donateur. Lui
seul était directement outragé ; lui mort, l'action reprend son caractère purement pécuniaire.

A l'inverse, je n'autoriserai pas un créancier à agir au lieu et
place du débiteur par une demande à fin d'obtenir pension alimen-
taire. L'art. 581 du C. pr. déclare en effet *insaisissables* les pro-
visions alimentaires adjugées par justice. Donc, le créancier
n'ayant aucun pouvoir sur de pareilles valeurs, peu lui importe

l'action ou l'inaction du débiteur à cet égard. Refusons-lui donc l'exercice d'un droit qui n'augmenterait en rien l'assiette du gage imparfait.

Ces quelques applications succinctement indiquées, je passe à la seconde partie de ce travail.

II

CONDITIONS REQUISES POUR ÊTRE ADMIS A EXERCER LES DROITS DU DÉBITEUR.

Tout créancier, quelle que soit la nature de sa créance, peut-il être admis à exercer l'action oblique ? Non certes : et tout d'abord, faut-il que la créance soit appuyée d'un titre exécutoire ? Je ne le pense pas. Le Code, en effet, n'exige point cette condition dans l'art. 1116. D'un autre côté, nous voyons l'art. 2093 accorder le gage collectif à *tous les créanciers* sans distinguer aucunement ceux dont le droit repose sur un titre paré, de ceux qui n'auraient en leur faveur aucun titre de ce genre. Donc, tout créancier, qu'il soit ou non muni d'un titre exécutoire, ayant un égal intérêt au maintien et à la conservation des biens qui sont sa sûreté, doit pouvoir sauvegarder le gage commun en exerçant pour le débiteur les droits qu'il néglige d'invoquer. Il le pourra, à la condition, bien entendu, que l'écrit sur lequel il fonde son titre de créancier *ne puisse être contesté par ses adversaires*. Il faudra notamment que le titre ait acquis date certaine, conformément à l'art. 1328 du C. civ.

Faudra-t-il maintenant que la créance soit *actuellement exigible ?*

Un terme, une condition insérés dans le titre du créancier agissant
feraient-ils obstacle à l'exercice de l'action oblique? — Ici, je
ferai une distinction : Pour le créancier à terme je l'admettrai
volontiers à exercer les droits et actions du débiteur. Le terme,
en effet, ne suspend point l'engagement; il affecte seulement
l'exécution qu'il ne fait simplement que retarder pendant
un temps plus ou moins long. Mais quant au créancier dont
le droit est *conditionnel*, je lui refuse absolument le bénéfice de
l'action oblique, attendu qu'aux termes de l'art. 1180 (ou
plus exactement par un argument *à contrario* qui découle forcé-
ment de cet article), le créancier conditionnel ne peut, *pen-
dente conditione*, qu'exercer les *actes conservatoires* de son droit.
Or, je le demande, de quel nom appellera-t-on cet acte d'un créancier consistant à se mettre au lieu et place du débiteur, *à sub-
stituer sa volonté à la sienne*, à exercer, *même contre son gré*, les
droits et les actions qui sont nés dans sa propre personne? C'est là,
évidemment, un acte d'exécution au premier chef.

Ainsi, et pour me résumer, je n'admettrai le créancier à exercer l'action oblique qu'autant que sa créance sera non condition-
nelle et constatée par un titre ayant date certaine; pas n'est
besoin d'un titre exécutoire.

III

A QUEL TITRE LE CRÉANCIER EXERCE-T-IL L'ACTION OBLIQUE?

Ici les opinions sont partagées :
Suivant les uns, le créancier agirait *pour son compte personnel*

et ne pourrait dès lors se voir opposer les moyens de défense que le tiers aurait pu invoquer contre le débiteur.

D'autres au contraire (et je crois ce système plus conforme à la loi) voient dans le créancier un *représentant* du débiteur dont il prend le fait et cause, dont il gère l'affaire en conservant son patrimoine.

La vérité est que le créancier agissant en vertu de l'art. 1166 agit tant *au nom* et dans l'intérêt *du débiteur* que dans son intérêt personnel et dans l'intérêt de la masse des créanciers qu'il *représente*.

Ce système est conforme à l'esprit du législateur tel qu'il apparaît par la combinaison des art. 1166 et 1167. Que l'on remarque en effet l'expression significative « en leur nom personnel » employée dans l'art. 1167; d'après cet article, c'est en leur nom personnel et point au nom du débiteur « fraudator » que les créanciers sont admis à exercer l'action paulienne. N'est-ce pas déclarer implicitement que l'action oblique consacrée par l'article précédent s'exercera toujours *au nom du débiteur*?

Ce système est de plus conforme à la réalité des faits :

Que dit le créancier? quelle est son attitude?

Le créancier, voyant le débiteur indolent s'endormir sans exercer son droit, sans interrompre la prescription qui va s'accomplir, l'*avertira* une première fois. Le débiteur résistera ou gardera le silence. Alors le créancier intervient et dira : Vous débiteur, vous négligez vos affaires; vous laissez dépérir votre patrimoine. Eh bien, moi, votre créancier, moi qui suis intéressé à la conservation de ce patrimoine, je prends en mains l'action que vous négligez d'exercer ; je l'exercerai moi-même *en votre nom* et comme représentant de tous les créanciers connus ou inconnus.

Dès lors, il faut dire (et c'est la conséquence immédiate de notre système) que les tiers seront fondés à se prévaloir, à l'encontre du créancier agissant, des exceptions et autres moyens qu'ils auraient opposés au débiteur s'il eût agi lui-même.

A. CHESNEAU.